Studio DANSE

7

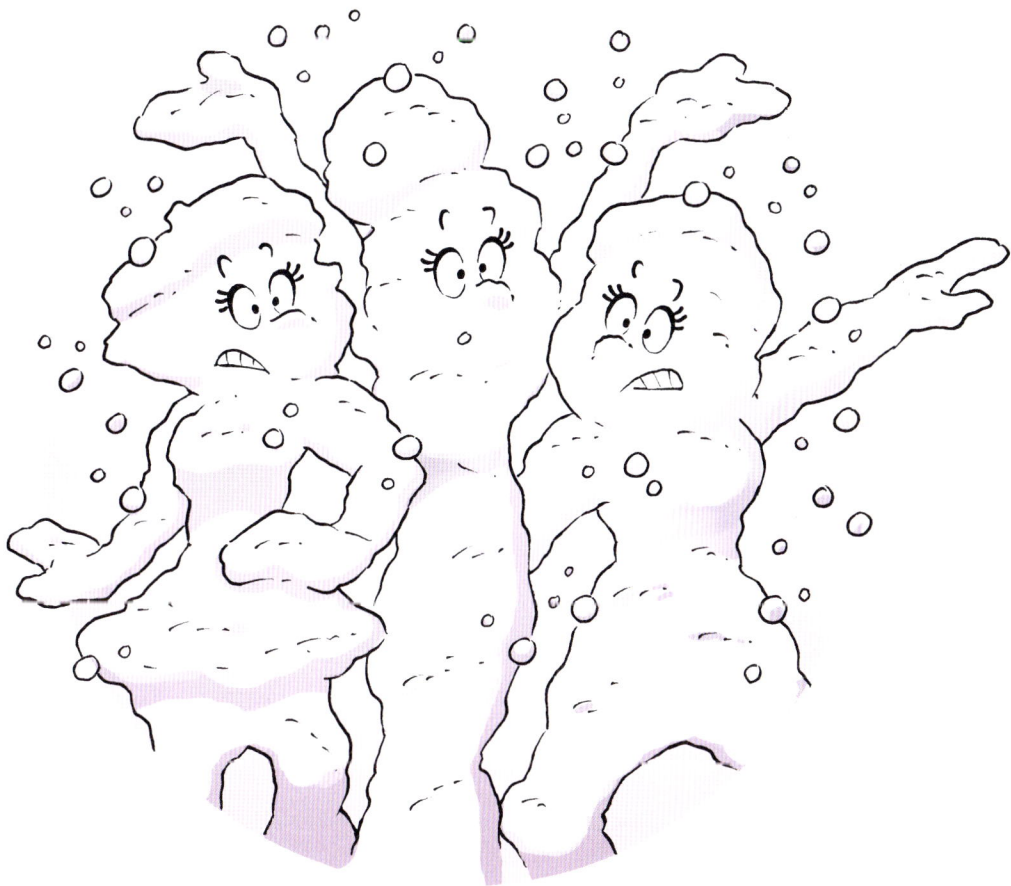

Dessins
Crip

Scénario
Béka

Couleurs
Maëla Cosson

BAMBOO
ÉDITION

www.bamboo.fr

La fabrication de cet album répond au processus de développement durable engagé par Bamboo édition. Il a été imprimé sur du papier certifié PEFC.

© **2012 BAMBOO ÉDITION**
116, rue des Jonchères - BP 3
71012 CHARNAY-LÈS-MÂCON cedex
Tél. 03 85 34 99 09 - Fax 03 85 34 47 55
Site Web : www.bamboo.fr
E-mail : bamboo@bamboo.fr

QUATRIÈME ÉDITION
Dépôt légal : novembre 2012
ISBN 978-2-8189-2203-3

Printed in France
Imprimé et relié en France par PPO Graphic, 91120 Palaiseau

Pour être alerté de la sortie du prochain album, rendez-vous sur www.bamboo.fr/alerte-nouveaute

CERTAINES JOURNÉES PARAISSENT SEMBLABLES AUX AUTRES...

...MAIS LES APPARENCES SONT PARFOIS TROMPEUSES.

EN FAIT, CES JOURNÉES SONT EXCEPTIONNELLES...

...CAR UNE GRANDE NOUVELLE NOUS ATTEND.

MAIS RIEN NE LE LAISSE SUPPOSER...

JUSQU'AU DERNIER MOMENT...

OH! UNE LETTRE DE PRUNE!

C'EST UNE CATASTROPHE !

J'AI BAISSÉ EN ANGLAIS ! REGARDEZ MON DERNIER DEVOIR !

MAIS TU AS EU 17,5 !

BEN OUI ! AVANT J'AVAIS 18 ! VOUS VOUS RENDEZ COMPTE !?

C'EST LE DÉBUT DE LA FIN ! OÙ CELA VA-T-IL S'ARRÊTER ?!

JE CROIS QU'IL FAUT PRENDRE DES MESURES RADICALES !

ET SI J'ALLAIS PRATIQUER L'ANGLAIS À LONDRES PENDANT LES VACANCES DE NOËL, HEIN ?

PRUNE M'A JUSTEMENT INVITÉE...

LE LENDEMAIN...

ALORS ?

ÇA A MARCHÉ !

MOI AUSSI !

HÉ! HÉ! ELLES VONT EN FAIRE UNE TÊTE DEMAIN, QUAND ELLES DÉCOUVRIRONT QUE MOI AUSSI JE ME SUIS INSCRITE AUX AUDITIONS !

EN ATTENDANT, JE DOIS RETROUVER LA DAME QUI ME LOGE. D'APRÈS CE QU'ELLE M'A DIT AU TÉLÉPHONE, JE LA RECONNAÎTRAI FACILEMENT...

HELLO CARLA ! WELCOME IN LONDON !

!

PEU APRÈS...

C'EST UNE CHANCE QUE VOUS LOGIEZ CHEZ MOI ! J'AI DEUX PASSIONS : LA FRANCE ET LES COMÉDIES MUSICALES !

CHEZ PRUNE...

ENTREZ, LES FILLES ! MON PÈRE N'EST PAS LÀ, IL TRAVAILLE TOUJOURS TRÈS TARD...

NOUS ALLONS NOUS INSTALLER TOUTES LES QUATRE DANS MA CHAMBRE ! ELLE EST ASSEZ GRANDE POUR ÇA !

AH ! VOUS VOYEZ QUE J'AURAIS PU PRENDRE UNE OU DEUX VALISES DE PLUS !

JE VOUS PROPOSE QU'ON SE COUCHE TÔT CE SOIR, LES AUDITIONS COMMENCENT DÈS 7 HEURES DEMAIN MATIN !

TU AS RAISON, PRUNE, IL FAUT QU'ON SOIT EN FORME !

AU MÊME MOMENT...

♫ TOONIIIIGHT! TOONIIIGHT!

C'EST LA TROISIÈME COMÉDIE MUSICALE QU'ELLE ME CHANTE DEPUIS MON ARRIVÉE! J'ESPÈRE QUE CE SERA LA DERNIÈRE !

9

LE LENDEMAIN MATIN, AU THÉÂTRE OÙ ONT LIEU LES AUDITIONS...

C'EST ÉTRANGE ! IL N'Y A PAS GRAND-MONDE !

OUI ! POURTANT, IL EST 7 HEURES PASSÉES !

!

OH NON ! MEG EST LÀ...

C'EST LA PESTE DE MON ÉCOLE DE DANSE ! ELLE EST TOUJOURS EN TRAIN DE COMPLOTER UN MAUVAIS COUP !

TIENS, PRUNE ! TU AS DONC RÉUSSI À VOIR L'ANNONCE DE CETTE AUDITION DANS LE HALL DU ROYAL BALLET AVANT QUE JE NE L'ARRACHE...

JE COMPRENDS MAINTENANT POURQUOI NOUS SOMMES SI PEU NOMBREUSES !

C'EST FOU COMME CETTE FILLE ME FAIT PENSER À CARLA !

AH OUI, JE ME SOUVIENS DE CARLA ! VOUS NE POUVIEZ PAS LA VOIR ! SURTOUT TOI, ALIA...

TU EXAGÈRES ! CE N'EST PAS VRAI QUE JE NE PEUX PAS LA VOIR...

D'AILLEURS TIENS...

...JUSTEMENT, JE LA VOIS !

!

?!

CARLA!? QU'EST-CE QUE TU FAIS ICI ?

JE VOUS AI ENTENDUES PARLER DE CETTE AUDITION AU COLLÈGE ! JE ME SUIS DONC INSCRITE AVEC L'AIDE DE MA MÈRE !

JE N'ALLAIS TOUT DE MÊME PAS LAISSER PASSER UNE SI BELLE OCCASION DE MONTRER MON TALENT À LA SCÈNE ANGLAISE !

HÉ ! HÉ ! JE CROIS QUE J'AI ENCORE RÉUSSI À ÉLIMINER UNE CONCURRENTE ! J'AI CACHÉ UN SAC CONTENANT DES AFFAIRES DE DANSE...

!

JE NE SAIS PAS QUI C'EST, MAIS ELLE VA AVOIR DU MAL À DANSER SANS SA TENUE ! HÉ ! HÉ !

MOI, J'AI RÉUSSI À FERMER LA PORTE DU THÉÂTRE ! ET J'AI MÊME ACCROCHÉ UN PANNEAU « CLOSED » DESSUS !

PAS MAL ! TU SAIS QU'À NOUS DEUX ON DEVRAIT POUVOIR DÉCROCHER LES PREMIERS RÔLES SI ON S'ENTEND !

POURQUOI PAS ! APRÈS TOUT, IL NE RESTE PLUS GRAND-MONDE À ÉLIMINER !

CETTE AUDITION S'ANNONCE PLUS DIFFICILE QUE PRÉVU ! EN PLUS DU STRESS, ON VA DEVOIR GÉRER **DEUX CARLA** !

MESDEMOISELLES, VOTRE ATTENTION S'IL VOUS PLAÎT !

NOUS ALLONS COMMENCER ! JE VAIS D'ABORD VOUS MONTRER UNE CHORÉGRAPHIE QUE VOUS DEVREZ ENSUITE REPRODUIRE !

PAR CONTRE... EUH... JE VAIS DEVOIR DANSER EN JEANS...

MON SAC AVEC MES AFFAIRES DE DANSE A MYSTÉRIEUSEMENT DISPARU ET JE N'ARRIVE PAS À LE RETROUVER !

! !

LE LENDEMAIN, AU THÉÂTRE...

BIEN ! NOUS N'AVONS QUE HUIT JOURS DE RÉPÉTITIONS AVANT LA REPRÉSENTATION DU 25 DÉCEMBRE ! IL N'Y A PAS UN INSTANT À PERDRE !

CETTE COMÉDIE MUSICALE SERA UNE VERSION MODERNE DE L'HISTOIRE DE CHARLES DICKENS : UN CHANT DE NOËL !

JULIE SERA PAILLETTE, L'ESPRIT DE LA FÊTE, LUCE SERA COOKIE, L'ESPRIT DE LA JOIE ET ALIA SERA MITAINE, L'ESPRIT DE LA NEIGE...

TOUTES LES TROIS, VOUS ESSAYEREZ D'INSUFFLER L'ESPRIT DE NOËL À PRUNE, UNE BUSINESSWOMAN QUI NE PENSE QU'À SON TRAVAIL !

MAIS DEUX ESPRITS MALFAISANTS VONT TOUT FAIRE POUR VOUS EN EMPÊCHER !

CARLA SERA MOROSE, L'ESPRIT DE LA SOLITUDE ET MEG SERA BLING, L'ESPRIT DE TOUS LES EXCÈS !

ET TOI, TU ES QUI ?

JE SUIS L'AMOUREUX DE PRUNE !

AH !

EUH... DANS LA PIÈCE UNIQUEMENT...

AAAH !

14

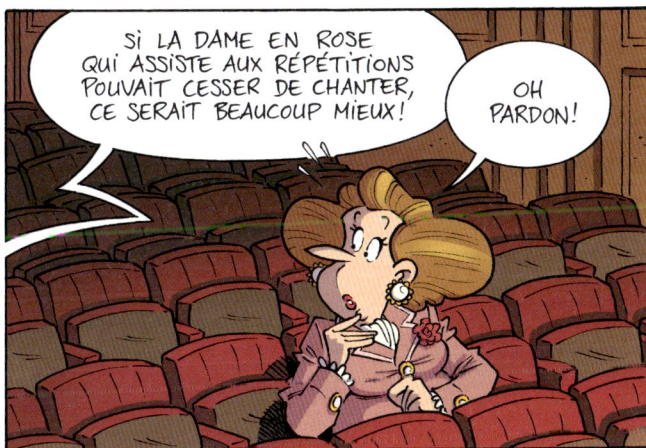

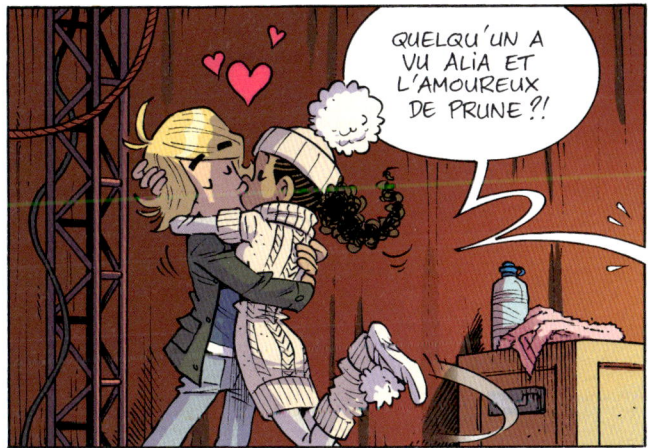

LE SOIR, CHEZ PRUNE ...

NOTRE SPECTACLE EST UN VRAI SUCCÈS !

OUI ! IL PARAÎT QUE LES BILLETS POUR LES PROCHAINES REPRÉSENTATIONS SE VENDENT COMME DES PETITS PAINS !

CE SÉJOUR À LONDRES RESSEMBLE VRAIMENT À UN RÊVE !

SAUF PEUT-ÊTRE POUR ALIA !

?

AH BON ? IL Y A UN PROBLÈME ?

ELLE N'EST PLUS AVEC SON COPAIN ! PENDANT QU'ALIA APPELAIT SES PARENTS, MEG EST ALLÉE LE DRAGUER ET DEPUIS ILS SORTENT ENSEMBLE !

DÉCIDÉMENT, CE GARÇON NE SUPPORTE PAS QUE LES FILLES TÉLÉPHONENT ! TU N'ES PAS TROP TRISTE, ALIA ?

OH NON !

J'AI COMPRIS QU'ON NE POUVAIT PAS TOUJOURS GAGNER FACE AUX ESPRITS MALFAISANTS !

LE PLUS HEUREUX DE NOUS TOUS, C'EST QUAND MÊME TON PÈRE, PRUNE !

OUI ! HI ! HI ! HI !

DEPUIS QUE VOUS ÊTES LÀ, IL EST DEVENU FAN DE DANSE !

QUELQUES JOURS PLUS TARD...

C'ÉTAIT MERVEILLEUX, PRUNE ! NOUS N'OUBLIERONS JAMAIS CES VACANCES !

MOI NON PLUS ! ON FORME VRAIMENT UNE BONNE ÉQUIPE TOUTES LES QUATRE !

DIRE QUE QUAND VOUS NE SEREZ PLUS LÀ, JE VAIS ME RETROUVER TOUTE SEULE AVEC MEG AU ROYAL BALLET !

PARDON !

POF!

!

SI ÇA PEUT TE CONSOLER, DIS-TOI QUE NOUS, NOUS ALLONS RETROUVER CARLA !

À TRÈS BIENTÔT, PRUNE !

BON RETOUR !

EN TOUT CAS, VOUS AVIEZ RAISON, LES FILLES ! PFFF !! J'AI BIEN FAIT DE NE PAS PRENDRE TROP DE BAGAGES POUR VENIR À LONDRES !

PFFF !

PARCE QU'AVEC TOUS LES ACHATS QUE J'AI FAITS, JE N'AURAIS JAMAIS PU TOUT PORTER !

25

CERTAINES JOURNÉES PARAISSENT SEMBLABLES AUX AUTRES...

ROYAL BALLET SCHOOL

RICHMOND PARK
LONDON

...MAIS LES APPARENCES SONT PARFOIS TROMPEUSES.

EN FAIT, CES JOURNÉES SONT EXCEPTIONNELLES...

...CAR UNE GRANDE NOUVELLE NOUS ATTEND.

MAIS RIEN NE LE LAISSE SUPPOSER...

JUSQU'AU DERNIER MOMENT...

!

Merci! ♥
Tes amies
pour la vie!
Julie
Luce
et Alia

FIN!

26

QU'EST-CE QUE TU FAIS, ALIA ?

JE REGARDE AUTOUR DE MOI, CAR AUJOURD'HUI, ON REPREND LA DANSE AFRICAINE...

... ET VOUS DEVRIEZ EN FAIRE AUTANT TANT QUE VOUS LE POUVEZ !

PEU APRÈS...

TOU TOUM

TOUM

TOUM

TOU TOUM

LÂCHEZ-VOUS, LES FILLES ! LÂCHEZ-VOUS !

PARFAIT ! ON VA EN RESTER LÀ POUR CETTE FOIS !

AÏE ! MA NUQUE !

JE NE PEUX PLUS BOUGER LE COU !

JE VOUS AVAIS BIEN DIT D'EN PROFITER TOUT À L'HEURE !

WAOW ! QUELLE ÉNERGIE, MARY ! TU ESSAIES UN NOUVEAU STYLE ?

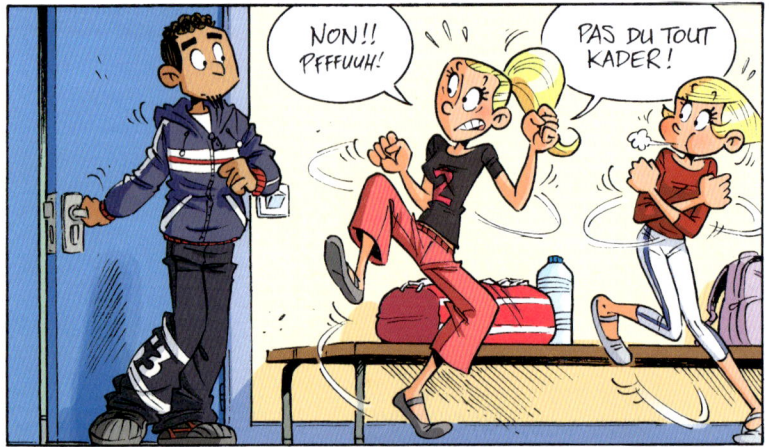

NON !! PFFFUUH !

PAS DU TOUT KADER !

C'EST JUSTE QUE LE RADIATEUR DE LA SALLE EST EN PANNE ! PFUUUH !! ALORS ON SE RÉCHAUFFE COMME ON PEUT !

PFUUUH !

PFUUUH !

PFUUUH ! PFUUUH !

ALORS LES FILLES, C'EST D'ACCORD ? ON SE RETROUVE MERCREDI À 14H PLACE ISIDORE PIRON, POUR UN NOUVEAU FLASH MOB DANCE !

ÇA MARCHE !

ON Y SERA !

LE MERCREDI...

DÉSOLÉE, JE NE POURRAI PAS VENIR ! J'AVAIS OUBLIÉ MON RENDEZ-VOUS CHEZ LE DENTISTE !

CE SERA SANS NOUS ! NOTRE PROF DE MATHS NOUS A COLLÉ UNE INTERRO POUR JEUDI... OUI, ON RÉVISE ENSEMBLE !

MOI AUSSI JE SUIS COINCÉE ! JE DOIS GARDER CAPUCINE ! HEUREUSEMENT LUCE EST AVEC MOI...

PUISQUE TOUT LE MONDE A UN EMPÊCHEMENT, AUTANT ANNULER...

OUI, MAIS CE QUI M'EMBÊTE, C'EST QUE JE N'ARRIVE PAS À JOINDRE ALIA !

TIP! TIP! TIP!

ELLE DOIT ÊTRE DÉJÀ PARTIE SANS PRENDRE SON TÉLÉPHONE PORTABLE...

VOUS ÊTES SUR LA MESSAGERIE DE... ALIA...

C'EST BÊTE ! MAIS, EN NE NOUS VOYANT PAS ARRIVER, ELLE COMPRENDRA SANS DOUTE...

ESPÉRONS !

AU MÊME MOMENT...

MAIS ENFIN, QU'EST-CE QU'ELLES FONT ?!

UN FLASH MOB DANCE TOUTE SEULE, CE N'EST VRAIMENT PAS DRÔLE !

PLACE Isidore PIRO

BIJOUX fantaisie

31

AUJOURD'HUI, NOUS ALLONS REFAIRE UN EXERCICE QUE NOUS AVONS DÉJÀ TRAVAILLÉ, CAR IL EST TRÈS IMPORTANT...

IL S'AGIT DE VOUS HABITUER À POURSUIVRE VOTRE CHORÉGRAPHIE QUOI QU'IL SE PASSE AUTOUR DE VOUS !

JE VAIS DONC TOUT TENTER POUR VOUS PERTURBER, MAIS RIEN, ABSOLUMENT RIEN NE DOIT VOUS INTERROMPRE !

QUOI QU'IL ARRIVE, VOUS DEVEZ **TOUJOURS** CONTINUER À DANSER ! C'EST BIEN COMPRIS LES FILLES ?

OUIII !

D'ACCORD MARY !

ALORS ON Y VA !

CLIC

UN ÉLÉMENT DE DÉCOR PEUT SE TROUVER AU MAUVAIS ENDROIT, C'EST À VOUS DE VOUS ADAPTER !

!

CETTE ANNÉE, TU NE VOUDRAIS PAS T'INSCRIRE AU FOOT, BRUNO, COMME TOUS LES GARÇONS DE TON ÂGE ?

NON PAPA ! JE VEUX CONTINUER LA DANSE !

C'EST MA PASSION, TU LE SAIS BIEN !

POURTANT, C'EST UN BEAU SPORT, LE FOOT...

ET IL Y A BEAUCOUP D'AVENIR POUR CEUX QUI SONT DOUÉS !

DANS LA DANSE AUSSI ! TIENS-MOI CE COLLANT S'IL TE PLAÎT !

COMME MON PÈRE INSISTAIT, J'AI FINI PAR CÉDER POUR LUI FAIRE PLAISIR !

!

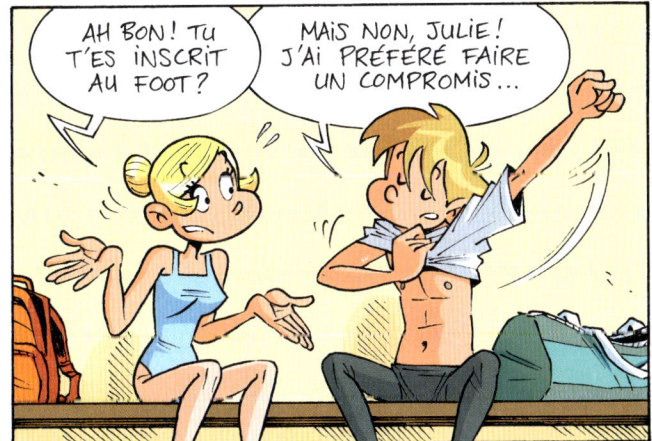

AH BON ! TU T'ES INSCRIT AU FOOT ?

MAIS NON, JULIE ! J'AI PRÉFÉRÉ FAIRE UN COMPROMIS...

J'ESPÈRE JUSTE QUE Mlle ANNE COMPRENDRA !

?!

C'EST CHOUETTE QU'ON AIT PU ORGANISER CETTE SOIRÉE CHEZ TOI, ALIA...

OUI ! TES PARENTS SONT VRAIMENT SYMPAS DE TE LAISSER L'APPART !

OH, VOUS SAVEZ, J'AI DÛ PAS MAL INSISTER. MAIS ILS ONT FINI PAR ACCEPTER EN SE DISANT QU'ILS POURRAIENT EN PROFITER POUR SORTIR DE LEUR CÔTÉ...

JE CROIS QU'ILS VOULAIENT ALLER VOIR UN CONCERT, OU QUELQUE CHOSE COMME ÇA...

ILS M'ONT EN TOUT CAS PROMIS QU'ILS NE REVIENDRAIENT PAS AVANT **MINUIT** ! ON A DONC TOUT LE TEMPS DE S'AMUSER, LES FILLES !

J'ESPÈRE QUE TES PARENTS PASSENT UNE AUSSI BONNE SOIRÉE QUE NOUS !

OH ! JE NE M'EN FAIS PAS POUR EUX...

SUR LE PALIER...

J'EN AI MARRE D'ÊTRE COINCÉ ICI ! TU NE CROIS PAS QU'ON POURRAIT ENTRER DISCRÈTEMENT POUR RÉCUPÉRER LES CLÉS DE LA VOITURE ?

NON ! ON A PROMIS ! TU N'AVAIS QU'À PAS LES OUBLIER !

WAOW ! PAS MAL CETTE CHORÉ, MARY !

TRÈS ORIGINALE !

TU NOUS L'APPRENDS, DIS ?

EUH ...

... C'EST PLUTÔT UNE IMPROVISATION VOUS SAVEZ !

AH ?

SUR QUEL THÈME ?

IL Y A UNE GUÊPE DANS LA SALLE DE DANSE !

BZZZZZZ

BZZZZZ

BZZZZZZ

ET DONC...

...JUSQU'AU JOUR DU COURS DE DANSE...

HI, HI ! JE M'EN SOUVIENS PARFAITEMENT !

MAIS UNE HEURE PLUS TARD...

BEUHEUHEU! ?

ÇA N'A PAS MARCHÉ, CAPUCINE ? TU T'ES TROMPÉE DANS TON ENCHAÎNEMENT ?

NON!

BEUHEUH!

MAIS À FORCE DE NE PENSER QU'À ÇA, J'AI OUBLIÉ DE PRENDRE MES AFFAIRES DE CLASSIQUE... ET JE N'AI PAS PU DANSER !

BEUHEUH!

!

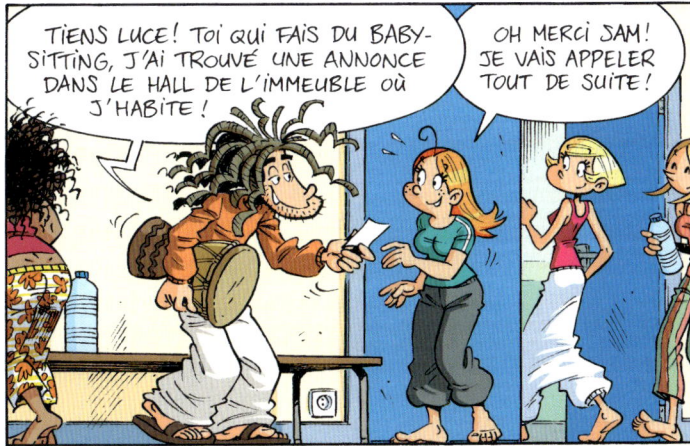

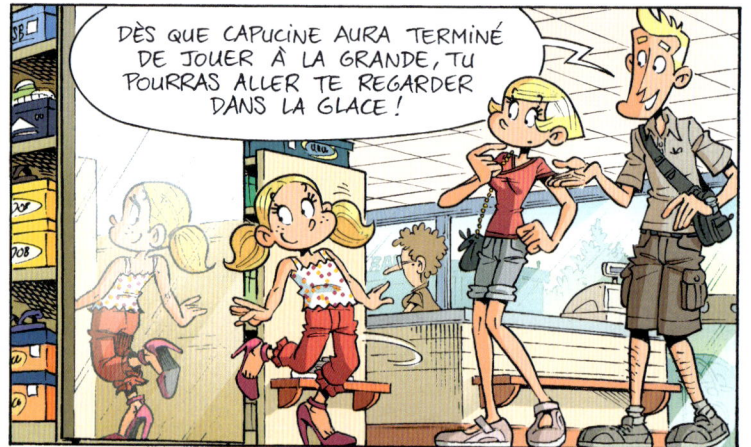

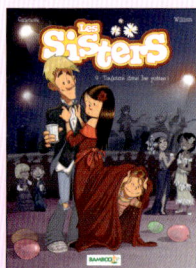

À découvrir au rayon BD

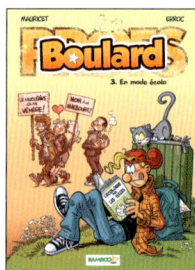

Boulard • 3 tomes
Scénario : Erroc
Dessins : Mauricet

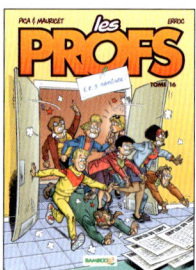

Les Profs • 16 tomes
Scénario : Erroc
Dessins : Pica & Mauricet

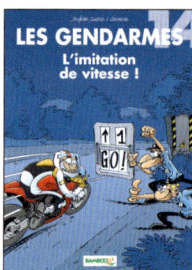

Les Gendarmes • 14 tomes
Scénario : Jenfèvre, Sulpice & Cazenove
Dessins : Jenfèvre

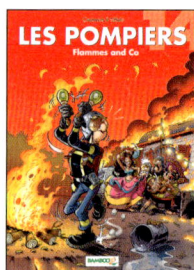

Les Pompiers • 14 tomes
Scénario : Cazenove
Dessins : Stédo

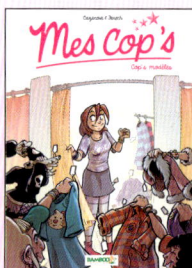

Les Rugbymen • 12 tomes
Scénario : Béka
Dessins : Poupard

Les Footmaniacs • 12 tomes
Scénario : J S & C
Dessins : Saive

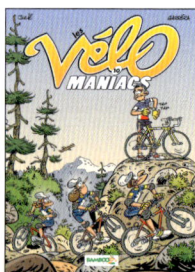

Les Vélomaniacs • 10 tomes
Scénario : Garréra
Dessins : Julié

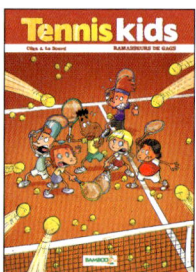

Tennis Kids • 1 tome
Scénario : Céka
Dessins : Le Sourd

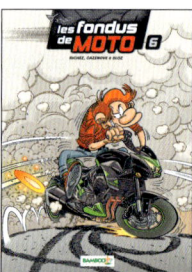

Les Fondus de moto • 6 tomes
Scénario : Richez & Cazenove
Dessins : Bloz

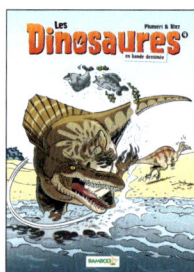

Les Dinosaures en BD • 4 tomes
Scénario : Plumeri
Dessins : Bloz

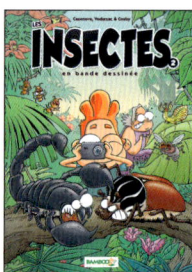

Les Insectes en BD • 2 tomes
Scénario : Cazenove & Vodarzac
Dessins : Cosby

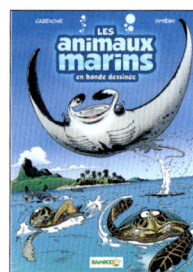

Les Animaux marins en BD • 3 tomes
Scénario : Cazenove
Dessins : Jytéry

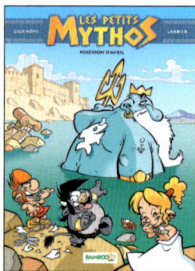

Les Petits Mythos • 4 tomes
Scénario : Cazenove
Dessins : Larbier

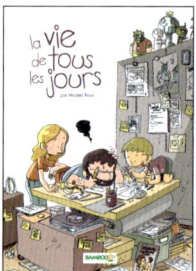

La Vie de tous les jours • 1 tome
Scénario : Roux
Dessins : Roux
TOME 1 FEV. 15

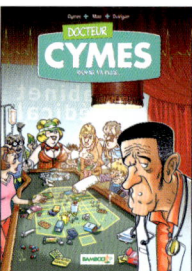

Docteur Cymes • 2 tomes
Scénario : Cymes & Mao
Dessins : Duvigan

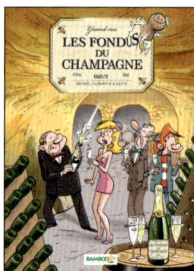

Les Fondus du champagne • 1 tome
Scénario : Cazenove & Richez
Dessins : Saive

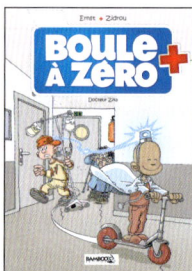

Boule à zéro • 3 tomes
Scénario : Zidrou
Dessins : Ernst

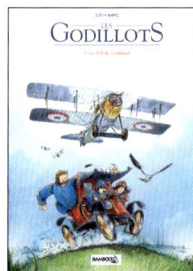

Les Godillots • 3 tomes
Scénario : Olier
Dessins : Marko

Retrouvez les actualités, infos et extraits de nos séries sur www.bamboo.fr

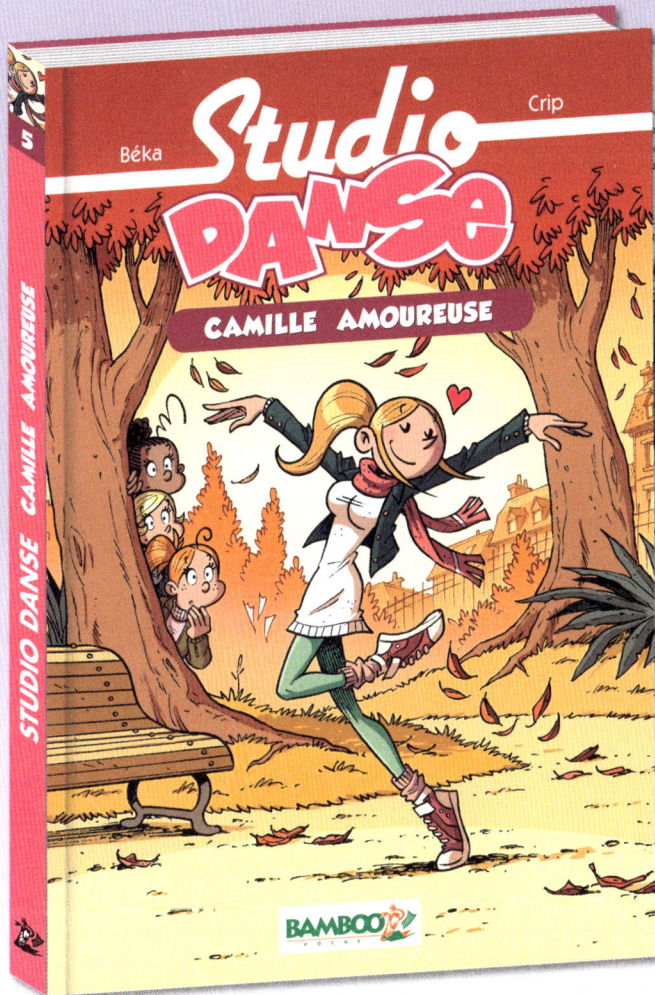

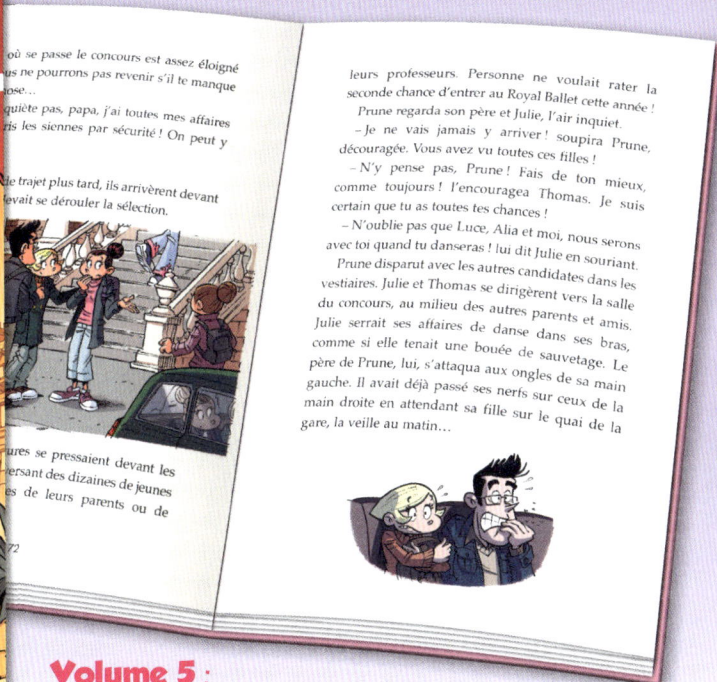

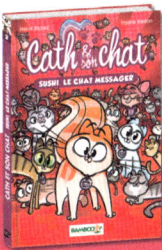

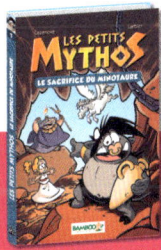

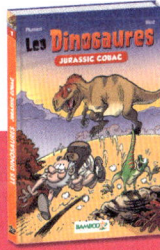

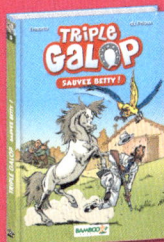

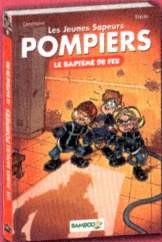

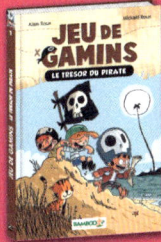

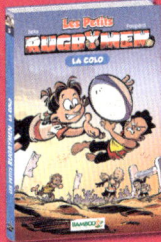

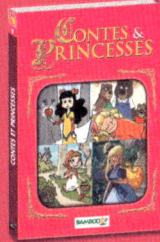